# PROCÈS-VERBAL

*De la Consécration de l'Obélisque de la ville d'Arles, à la gloire de SA MAJESTÉ L'EMPEREUR des Français, Roi d'Italie.*

Du 28 Floréal an 13. ( 1805. )

L'AN treize, et le vingt-huit floréal, anniversaire du jour à jamais mémorable auquel le Sénat Conservateur, interprète et organe du vœu du peuple Français, proclama Empereur NAPOLÉON le Grand; la ville d'Arles, en exécution de la délibération de la Mairie, du vingt-deux ventôse dernier, autorisée par arrêté de M.<sup>r</sup> le Conseiller d'Etat, Préfet de ce Département, du vingt-sept du même mois, a consacré à la gloire de Sa Majesté Impériale et Royale son antique Obélisque de granit oriental, élevé au milieu de la place de l'Hôtel-de-Ville, qui a reçu à cette occasion, et portera désormais le nom de PLACE NAPOLÉON.

Cette Dédicace, à laquelle a été réunie

I

la solennisation de la fête du couronnement de Sa Majesté, comme Roi d'Italie, fixée au jeudi trois prairial suivant, pour les autres villes et communes du Département, par l'arrêté de M.ʳ le Conseiller d'État, Préfet, en date de ce jour, a été précédée et suivie des cérémonies religieuses, et réjouissances publiques, ainsi qu'il suit :

Dès la veille à midi et à sept heures, elle fut annoncée par une salve générale d'artillerie, le son de toutes les cloches, par les trompettes et tambours de la ville qui parcoururent les pricipales rues.

A cinq heures du matin, une nouvelle salve d'artillerie, le son des cloches, les trompettes et les tambours se sont fait encore entendre. Les canons placés sur l'un des boulevarts de la ville, sur la terrasse du ci-devant Archidiaconé ont continué à tirer d'heure en heure.

A sept heures du matin, la Mairie s'est réunie à l'Hôtel-de-Ville pour la réception de M.ʳ le Conseiller d'État, Préfet, que des affaires imprévues avoient retenu la veille à Tarascon.

Les membres du Conseil municipal convoqués par billets, les notables habitans au son de la cloche de l'Hôtel-de-Ville,

successivement annoncés, ont été intro-
duits.

A sept heures trois quarts, M. le Secrétaire général prend l'ordre de M. le
Maire, pour le départ, à l'effet de se rendre à la porte de la ville pour y recevoir
M. le Conseiller d'Etat, Préfet.

Le chef des appariteurs de la Mairie
le transmet aux personnes qui doivent
former le cortége.

Le cortége se met en marche, et se
compose ainsi qu'il suit :

La Gendarmerie nationale à cheval,
commandée par son chef.

Un détachement de la Garde nationale,
avec le drapeau, précédé des tambours et
d'un corps de musique.

Les trompettes de la ville.

Les appariteurs de la Mairie.

MM. les Maire, Adjoints et Secrétaire
général.

MM. les membres du Conseil municipal.

MM. les Notables habitans.

Un détachement des préposés armés
des Douanes nationales.

Le cortége se dirige par les rues des
Gantiers, de S.ᵗ Roch, de la grande Bou-
cherie, de S.ᵗ Julien, de Bourg-neuf
et de S.ᵗ Claude, et arrive à la porte de

la Cavalerie, par laquelle M. le Conseiller d'Etat, Préfet devoit entrer.

On avoit élevé au devant un arc de triomphe, orné d'une inscription, qui exprimoit les sentimens de reconnoissance dont les Arlésiens sont pénétrés envers le premier Magistrat du département.

A huit heures et demi, une ordonnance annonce l'arrivée de M. le Conseiller d'Etat, Préfet.

Le détachement de la Garde nationale et celui des proposés armés des Douanes, se forment en double haie pour le recevoir.

La Mairie s'avance à sa rencontre, et parvenue auprès de lui, M. le Maire le complimente.

M. Le Conseiller d'Etat ayant répondu, il est conduit à l'hôtel qu'il doit occuper, dans l'ordre suivant :

La Gendarmerie nationale à cheval, de résidence à Arles, commandée par son chef, ouvre la marche.

Le détachement de laGarde nationale, avec son drapeau, précédé des tambours et du corps de musique.

Les trompettes de la ville.

Les appariteurs de la Mairie.

MM. Les Maire, Adjoints et le Secrétaire général.

MM. Les membres du Conseil municipal.

MM. Les Notables habitans.

M. Le Conseiller d'Etat, Préfet, M.
le Secrétaire général du département,
MM. les Sous-Préfets des second et troisième arrondissemens.

Les voitures de Madame Thibaudeau,
épouse de M. le Conseiller d'Etat, Préfet.

Le détachement des préposés armés
des Douanes nationales.

La Gendarmerie nationale formant
l'escorte de M. le Conseiller d'Etat, Préfet.

M. le Conseiller d'Etat, Préfet arrive
à son hôtel, au devant duquel on avoit
élevé un superbe arc triomphal, sur lequel on lit une inscription en son honneur et en celui de Madame son épouse.

Parvenu dans les appartemens qu'il
doit occuper, la Mairie l'invite à fixer
l'heure de la Messe, qui, en exécution
de la délibération du 22 ventôse dernier,
doit précéder la Dédicace de l'Obélisque.

Il donne celle de onze.

La Mairie prend congé de M.ʳ le Conseiller d'Etat, Préfet, et suivie du cortége qui l'a accompagnée, elle retourne
à l'Hôtel-de-Ville.

A dix heures et demi, la Mairie, précédée des trompettes de la ville et de ses appariteurs, se rend à l'hôtel de M.<sup>r</sup> le Conseiller d'Etat, Préfet.

MM. les membres du Tribunal de commerce.

MM. les Juges de paix, le Commissaire de police invités par la Mairie à la cérémonie de la Dédicace de l'Obélisque, s'y rendent également de leur côté.

A onze heures, M. le Conseiller d'Etat, Préfet en ayant donné l'ordre, son cortége se met en marche pour se rendre à l'église paroissiale majeure de S.<sup>t</sup> Trophime.

Il est composé de M. le Secrétaire-général du département, de MM. les Sous-Préfets des deuxième et troisième arrondissemens, de la Mairie, des membres du Tribunal de commerce, des Juges de paix et du Commissaire de police.

Chacune des Autorités et les Fonctionnaires publics qui les composent, y prennent le rang et l'ordre qui leur sont respectivement assignés par le décret impérial du 24 messidor an 12.

La Gendarmerie nationale de résidence à Arles, le détachement de la Garde nationale avec le drapeau, précédé des tambours , des trompettes et du corps de musique ouvrent la marche qui est fermée par le détachement des Préposés armés des Douanes nationales , et par la Gendarmerie qui forme l'escorte de M. le Conseiller d'Etat , Préfet.

Arrivé dans l'église de S.ᵗ Trophime , M. le Conseiller d'État , Préfet prend place au centre de la partie du sanctuaire au devant du maître-autel , sur un fauteuil préparé à cet effet.

Les Autorités constituées , et les Fonctionnaires publics prennent le rang qui leur est respectivement attribué par le susdit décret impérial du 24 messidor an 12 , sur des sièges à ce disposés.

M. le Conseiller d'État , Préfet ayant pris séance , le Clergé de la paroisse de S.ᵗ Trophime , auquel la Mairie avoit invité celui des autres paroisses de se réunir , commence la messe solennelle pour la conservation des jours précieux de sa Majesté Impériale et Royale et de son auguste famille.

Un corps choisi d'amateurs exécute au graduel , à l'offrande , à l'élévation et à la communion , divers morceaux de musique analogues à la cérémonie.

Après l'élévation , Madame Thibau-

deau et Mlle. Tribert, épouse et belle-
sœur de M. le Conseiller d'Etat, Préfet,
à qui MM. Girard secrétaire général du
département, et André receveur général
des impositions, donnent la main, font
la quête pour les pauvres.

La messe finie, il est chanté, au son
de toutes les cloches et au bruit de l'artillerie, un *Te Deum* en actions de gra-
ces de l'avénement de Sa Majesté au
trône impérial, et de son couronnement
comme Roi d'Italie.

Cette hymne achevée, M. le Conseiller d'Etat, Préfet, suivi de son cortége,
dans le même ordre qu'il est venu à l'é-
glise, se rend sur la place NAPOLÉON.

Cette place est entourée d'amphithéâtres formés par cinq rangs de gradins,
recouverts de tentes et de tapis, au devant desquels étoient trois rangs de chai-
ses. L'appui de ces amphithéâtres est
formé par une balustrade courante, mê-
langée avec du myrte, du buis et du
laurier.

Ils sont supportés par un portique
orné de festons de verdures, entouré de
rubans de diverses couleurs.

Au devant de chaque pilastre et de-
puis l'imposte jusqu'à l'architrave, sont

placés trente huit écussons, contenant les inscriptions suivantes, destinées à commémorer une partie des grandes actions de Sa Majesté.

## PREMIER MEDAILLON.

ITALIÆ

EXERCITUS DUX

MONTE NOLI, MILLESIMO,

VICTOR È PUGNA DISCESSIT.

20, 23 *Germ. an. IV.*

### *Traduction.*

Général en chef de l'armée d'Italie, il sort tour-à-tour vainqueur des combats de Montenotte, et de Millesimo. 20, 23 *Germ. an IV.*

## II.ᵉ MEDAILLON.

PROPÈ

MONTEM REGALEM

CEBAM ET VICUM

HOSTES ATTERIT.

27 *Germ.* à 9 *Flor. an IV.*

### *Traduction.*

Il triomphe à Mondovi, à Ceva et à

Vico. 27 *Germ. à* 9 *Flor. an iv.*

## III.ᵉ MEDAILLON.

SEQUENS

QUA, PANDIT

VICTORIA VIAM,

ALBAM, CUNÆUM,

TORTONAM OCCUPAT.

16 *Flor. an iv.*

### Traduction.

Il poursuit la carrière que lui ouvre la victoire, il s'empare d'Albe, de Coni, de Tortone. 16 *Flor. an iv.*

## IV.ᵉ MEDAILLON.

PADO TRAJECTO

CASALÉ MAGGIORÈ

EXPUGNATA

FOMBI CERTAT

ET VINCIT

19, 20 *Flor. an iv.*

### Traduction.

Il traverse le Pô, force Casal à se rendre, combat et vainc à Fombio. 19, 20 *Flor. an iv.*

# V.e MEDAILLON.

CREPITANTIA

INTER FULMINA,

ADDÆ

TRANSITU RAPTO,

LAUDI POMPEIÆ

DEMIO

HOSTES FUGAT.

21 *Flor. an* IV.

## *Traduction.*

Il force le passage de l'Adda, gardé par mille bouches à feu, il met de nouveau en fuite les ennemis devant Lodi. 21 *Flor. an* IV.

# VI.e MEDAILLON.

SUBJECTIS

CREMONA, PISELEONÉ,

LONGOBARDIAM

AD DITIONEM

COMPELLIT.

22 *Flor. an* IV.

## *Traduction.*

La prise de Crémone, de Pizzigthone

lui ouvre la conquête de la Lombardie. 22 *Flor. an IV.*

## VII.ᵉ MEDAILLON.

MANTUA UNDIQUE
INTERCLUSA,
FERRARIAM, ANCONAM,
BONONIAM
AD OBSEQUIUM
REDIGIT.

1. *Messid. an IV.*

*Traduction.*

Il bloque Mantoue et s'empare de Ferrare, Ancone et Boulogne. 1 *Messid. an IV.*

## VIII.ᵉ MEDAILLON.

PER TRIDUUM,
AD GARDÆ LACUS RIPAS
HOSTIUM FUNDIT
COPIAS.

17 *Messid. an IV.*

*Traduction.*

Sur les rives du lac Garda, après

trois jours consécutifs de combats, il met les ennemis en deroute. 17 *Messid. an IV.*

## IX.e MEDAILLON.

PLURES

ATHESIM VERSUS

ARCES CAPIT.

22, 23 *Thermid. an IV.*

*Traduction.*

Vers l'Adige, il s'empare de plusieurs citadelles. 22, 23 *Thermid. an IV.*

## X.e MEDAILLON.

AD LONADUM

SEPTEMPLICEM

HOSTIUM NUMERUM,

IPSE

PROFLIGAT

17 *Therm. an IV.*

*Traduction.*

A Lonado, il defait l'armée ennemie, sept fois plus nombreuse que la sienne. 17 *Thermid. an IV.*

# XI.<sup>e</sup> MEDAILLON.

INNUMEROS
AD ROBORETUM
ET
BASSANUM
TRIUMPHALES LAUROS
PROFERT.
26 *Fruct. an* IV.

*Traduction.*

Il cueille à Roveredo et à Bassano
d'innombrables lauriers. 26 *Fruct. an* IV.

# XII.<sup>e</sup> MEDAILLON.

AD ARCULUM,
PONTIS FRONTEM
HOSTIS OCCUPANS,
IPSE
GALLICUM SIGNUM
LOCAT;
VICTORIAM RETINET.
27 *Brum. an* V.

*Traduction.*

A Arcole, malgré l'ennemi qui occupe

la tête du pont, il y fixe lui-même l'é-
tendard français, et décide la victoire.
27 *Brum. an v.*

## XIII.e MEDAILLON.

RIPULARUM PUGNA,

NOVA

GLORIÆ SEGES.

26 *Niv. an v.*

### *Traduction.*

La bataille de Rivoli est pour lui une
nouvelle moisson de gloire. 26 *Niv. an v.*

## XIV.e MEDAILLON.

TAYAMENTO TRAJECTO

HOSTE

ITERUM ET SÆPIUS

PROFLIGATO,

GRADISCAM, TERGESTEM

OCCUPAT.

23, 30 *Vent. an v.*

### *Traduction.*

Il passe le Taïamento, remporte successivement plusieurs victoires, et s'em-

pare de Gradisca et de Trieste. 23 , 3o *Vent. an v.*

## XV.ᵉ MEDAILLON.

### MANTUAM CAPIT.

14 *Pluv. an v.*

*Traduction.*

Il prend Mantoue. 14 *Pluv. an v.*

## XVI.ᵉ MEDAILLON.

### ARDUAS
### TYROLIS FAUCES
### EXPUGNAT.

8 *Germ. an v.*

*Traduction.*

Il force les gorges du Tyrol. 8 *Germ. an v.*

## XVII.ᵉ MEDAILLON.

### VINDOBONÆ
### PROPÈ AD PORTAS,
### TRIUMPHANS , STAT ,
### PACALEM OLEAM
### DEFERT.

*Germ. ar v.*

*Traduction.*

### *Traduction.*

Il s'arrête triomphant presque aux portes de Vienne, il offre la paix. *Germ. an v.*

## XVIII.ᵉ MEDAILLON.

AD LEUBENUM,

PACIS PROLUSIONES

ASSENTIT.

29 *Germ. an v.*

### *Traduction.*

Il signe à Leoben les préliminaires de la paix. 29 *Germ. an v.*

## XIX.ᵉ MEDAILLON.

IN EGYPTUM

TRAJICIENS,

INVIOLATAM MELITEM

APPREHENDIT.

24 *Prair. an VI.*

### *Traduction.*

Dans sa traversée d'Egypte, il prend Malthe, regardée jusques alors comme inexpugnable. 24 *Prair. an VI.*

2

## XX.ᵉ MEDAILLON.

VIX
NILOTICUM SOLUM
PREMIT,
ALEXANDRIAM
PRIMO ASSULTU
EVINCIT.

13 *Messid. an VI.*

*Traduction.*

Il touche à peine le sol qu'arrose
le Nil, et le premier assaut le rend maître d'Alexandrie. 13 *Messid. an VI.*

## XXI.ᵉ MEDAILLON.

CAIRO CAPTO,
TOTAM
EGYPTUM INFERIOREM
VICTOR PERAGRAT.

4 *Thermid. an VI.*

*Traduction.*

Maître du Caire, il parcourt en vainqueur toute la basse Egypte. 4 *Therm.
an VI.*

# XXII.ᵉ MEDAILLON.

## AD PYRAMIDES
### PUGNAT ,
### PALMAM OBTINET.

3 *Therm. an* VI.

## *Traduction.*

Il combat et est vainqueur auprès des Pyramides. 3 *Therm. an* VI.

# XXIII.ᵉ MEDAILLON.

## MARI TECTO
### HOSTICIS NAVIBUS
### SE COMMITTIT ;
### FORUM JULII
### APPELLIT ;
### GALLIARUM FATA
### VERTIT.

16 *Vend. an* VIII.

## *Traduction.*

Il traverse une Mer couverte de vaisseaux ennemis, débarque à Fréjus, et change les destinées de la France. 16 *Vend. an* VIII.

# XXIV.ᵉ MEDAILLON.

FELICITER
PENNINO TRANSCENSO,
HOSTIUM PHALANGES
PERFRINGIT.
EPOREDIAM, VERCELIAM,
NOVARRAM RECUPERAT.
26 *Flor. an* VIII.

## *Traduction.*

Il traverse heureusement le mont St. Bernard, il met en deroute les phalanges ennemies, et reprend Icrée, Verceil, Novarre. 26 *Flor. an* VIII.

# XXV.ᵉ MEDAILLON.

HOSTILIBUS
INTERCEPTIS HORREIS,
AD CLASTIDIUM
TRIUMPHAT.
18 *Prair. an* VIII.

## *Traduction.*

Il s'empare des magasins de l'ennemi, et en triomphe à Casteggio. 18 *Prair. an* VIII.

## XXVI.e MEDAILLON.

FŒDERATOS
ALEMANOS , ROXOLANOS ,
ITALOS , BRITTANNOS ,
MARENGO DEBELLAT.
25 *Prair. an VIII.*

### *Traduction*

Il terrasse à Marengo les Alemands ,
les Russes , les Italiens , les Anglois
confédérés. 25 *Prair. an VIII.*

## XXVII.e MEDAILLON.

ENSE MARTIS
RECONDITO ,
GALLIAM LEGIBUS
EMENDAT.

### *Traduction.*

Il remet dans le fourreau l'epée de
de Mars , et réforme la France par
le secours des Lois.

## XXVIII.e MEDAILLON.

IMPERIO
VIM , PRUDENTIAM ,
POPULO

QUIETEM, RATIONEM

REDDIT.

## *Traduction.*

Il rend à l'Empire son énergie, sa prudence ; au peuple son repos, sa raison.

## XXIX.<sup>e</sup> MEDAILLON.

FERÈ

SUBVERSAM

MAJORUM FIDEM

REVOCAT.

## *Traduction.*

Il n'existoit presque plus de Religion, il la rétablit.

## XXX.<sup>e</sup> MEDAILLON.

BONIS LEGIBUS

EFFETUM RELEVAT

COMMERCIUM ;

AGRICULTURAM

STIMULAT

## *Traduction.*

Le Commerce étoit languissant, il le

relève par de bonnes lois, il encourage l'Agriculture.

## XXXI.ᵉ MEDAILLON.

FRANCIS

GLORIÆ AVIDIS,

CALCAR, PRETIUM

PRÆBET

HONORIS LEGIONEM

INSTITUENS.

### Traduction.

Par l'institution de la Légion d'honneur, il offre aux Français, toujours
passionnés pour la gloire, un aiguillon
et une récompense.

## XXXII.ᵉ MEDAILLON.

IMPERATORIO NOMINE

AUCTUS

28 *Flor. an* XII.

SACRAM

A SUMMO PONTIFICE

UNCTIONEM ACCIPIT.

11 *Frim. an* XIII.

*Traduction.*

Proclamé Empereur le 28 *Floréal an*
*XII*. Il est sacré par le souverain Pon-
tife le 11 *Frimaire an XIII*.

## XXXIII.ᵉ MEDAILLON.

### PER

PALUDES MORTIFERAS,

EXCAVATA,

NON SINE MIRACULIS

RUPE,

VITALEM FOSSAM

ARELATENSEM

APERIT.

*Traduction.*

Il se fait jour comme par miracle
au travers d'un rocher, et fait creuser
dans des marais mortifères, le canal
d'Arles qui doit les assainir.

## XXXIV.ᵉ MEDAILLON.

BONARUM ARTIUM

PATRONUS

MUSÆUM ARELATENSE

FUNDAT.

*Traduction.*

Protecteur des beaux arts , il fonde le musée d'Arles.

## XXXV.ᵉ MEDAILLON.

### Fluvios ,

QUANTUM NATURA PATET ,

ULTRO CITROQUE

VEHENDIS MERCIBUS

IDONEOS REDDIT.

*Traduction.*

Il rend , autant que la nature le per-met , les fleuves propres à la navigation.

## XXXVI.ᵉ MEDAILLON.

### Artes

BENEVOLENTIA OMNES ,

COMPREHENDIT ,

ET NULLAS

TUTELLA EXCLUDI VULT ;

OMNES

TUERI POLLENS.

*Traduction.*

Il favorise tous les arts , et pouvant

les protéger tous , il ne veut en exclure
aucun de ses soins.

## XXXVII.ᵉ MEDAILLON.

NOVO CODICE

SINE AMBAGIBUS

EXPEDITAM

NOVAM OBTINENDI

JUS SUUM

FORMAM APERIT.

### *Traduction.*

Par un nouveau code , il ouvre une
nouvelle forme de poursuivre ses droits,
dégagée des détours de la chicane.

## XXXVIII.ᵉ MEDAILLON.

FELIX ARELAS !

PROBA TE MEMOREM ,

THIBALDI TUTELÆ

TE COMMITTIT.

### *Traduction.*

Heureuse Arles ! montre-toi recon-
noissante , elle te confie aux soins de
Thibaudeau.

Ces écussons ont pour supports des

Aigles Impériales, le cartouche est surmonté d'une couronne.

A l'archivolte de chaque arceau, ap-
pend une Croix de la Légion d'honneur,
dont le ruban s'enlace avec des guirlandes de fleurs très-légères, qui font un
effet merveilleux sur la variété de leurs
diverses couleurs. Un entresol à gradins,
sans compter le plein pied, partage la
hauteur des arceaux, et sert à placer
l'affluence innombrable des spectateurs
accourus de tout le département et des
départemens voisins pour assister à cette
fête.

Le portique qui règne autour de la
place n'est interrompu que par le go-
thique portail de S.ᵗ Trophime et par
un arceau ruineux du ci-devant Archevêché, contre lequel, crainte d'accident,
il n'avoit pu être continué.

Au devant de la porte de l'Hôtel-de-
Ville, ainsi que du côté opposé, sont,
à l'alignement néanmoins du portique,
deux superbes portes triomphales d'ordre ionique, elles sont formées de ver-
dure, ainsi que les divers membres d'ar-
chitecture qui constituent cet ordre. Le
tout est en dentelles ou reperçure, ser-
vant pour les deux faces, de manière

qu'on voit des deux côtés les pilastres, les chapiteaux, les frises et les chiffres réunis de NAPOLÉON et de JOSEPHINE, entourés d'étoiles et d'abeilles.

Au dessus de l'archivolte de la porte triomphale de l'Hôtel-de-Ville, on lit l'inscription suivante :

DICAT QUID MIRATA SIT ANTIQUITAS, MIRACULA MIRACULIS REPONEMUS, VEL POTIUS VIDEAT NAPOLEONIS GESTA, STU- PESCAT ET SILEAT.

## Traduction.

Que l'antiquité nous vante ce qu'elle a admiré, nous lui opposerons prodi- ges à prodiges, ou plutôt qu'elle consi- dère les grandes actions de NAPOLÉON ; qu'elle admire, et se taise.

Au dessus de l'archivolte de la porte triomphale, vis-à-vis on lit pareillement l'inscription suivante :

FELIX GALLIA ! REGNANTE NAPOLEONE, IPSA SUAM TANTO SUPERAT GLORIAM, QUANTO RELIQUORUM FAMAM IMPERIO- RUM ANTÈ SUPERAVERAT.

## Traduction.

Heureuse France ! sous le règne de

Napoléon, elle surpasse autant sa propre gloire, qu'elle surpassoit sous les règnes précédens, celle des autres Empires.

Dans les entre-colonnes de la porte triomphale placée au devant de l'Hôtel-de-Ville sont deux trophées militaires. Celui qui est à droite représente les armes Françaises. Les drapeaux de la garde Impériale, celui de la Légion d'honneur, celui de l'Empire et l'arme blanche forment la masse principale du grouppe. Celui de la gauche est rempli des armes et drapeaux pris sur les ennemis vaincus par Napoléon.

On voit dans les entre-colonnes de l'autre porte triomphale, deux arabesques, dans chacune desquelles sont trois trophées. Le premier à droite représente des attributs religieux, avec ces mots en dessous : *il rétablit le culte.* On voit dans le second, la Croix de la Légion d'honneur, un sabre d'honneur, etc. avec ces paroles : *il récompense la vertu, les talens.* Sur le troisième, sont des instrumens aratoires, et en dessous est écrit : *il encourage l'Agriculture.*

Divers objets du Commerce, la main

de Justice, l'épée nue, la Balance forment le second arabesque à gauche, avec ces inscriptions : *il vivifie le Commerce, il protège les Arts, il donne le Code civil.*

Ces deux portes sont terminées par une attique en balustrade, qui correspond parfaitement avec les balustres qui sont aux croisées de la façade de l'Hôtel-de-Ville, de même que tout l'ensemble correspond avec l'avant-corps qui soutient les colonnes Corinthiennes de ce superbe édifice construit par le célèbre Mansard.

La décoration de cette place est due aux soins et au zèle de M. de Truchet, dont l'imagination fertile et le goût ingénieux, en avoient calculé les dipositions et embelli les détails.

M. Le Conseiller d'Etat, Préfet, parvenu devant l'Obélisque, prend la place qui lui est préparée.

Les Autorités constituées et les Fonctionnaires publics se rangent autour de lui dans l'ordre qui leur est attribué.

Tout autour de l'Obélisque, qui est décoré de guirlandes de lauriers, orné de rubans de diverses couleurs, et dont le sommet avoit été, dès la veille, surmonté de l'Aigle Impérial, est un parterre entouré d'un appui recouvert de riches tapis de Turquie. Divers compartimens en buis et en mirthe se dessinent avec élégance ; leur intérieur est émaillé de fleurs nouvelles, qui, tout en parfumant l'air, réjouissent la vue d'une manière agréable. Des orangers sont placés entre les ifs taillés en vase qui décorent les quatre angles du parterre.

Une salve générale d'artillerie, le son de toutes les cloches, le roulement des tambours, les fanfares des trompettes indiquent le moment où M. le Conseiller d'Etat, Préfet, pose, au nom de la ville d'Arles, la première pierre du piédestal de l'Obélisque, et fait la Dédicace de ce monument à la gloire de Sa Majesté Imperiale et Royale.

M. le Maire lui présente la truelle, et M. le premier Adjoint l'auge où se trouve le mortier nécessaire.

On lit sur les quatre faces du piédestal les inscriptions suivantes, qui, ainsi que celles de la place NAPOLÉON rapportées ci-dessus, ont été composées par M. Blain, ex-Législateur et Secrétaire général de la Mairie.

*Première face : côté du nord.*

## VIRO IMMORTALI NAPOLEONI,

PRIMO FRANCORUM IMPERATORI, ITALIÆ-
QUE PRIMO REGI,

BELLO ET PACE VERÈ MAGNO,

QUI EXTERIS HOSTIBUS ATTRITIS,

FLUCTIBUS CIVILIBUS COMPOSITIS,

HYDRA ANARCHIÆ DOMITA,

VI LEGIBUS REDDITA,

CONVULSUM SUIS SEDIBUS, IMPERIUM GAL-
LICUM EREXIT ;

ILLIUSQUE VIRES, COMMERCIA, FINES,
AUXIT, PROPAGAVIT ;

INTEGRAM MAJOREM FIDEM REVOCAVIT ;

EVERSA IMPIETATE ALTARIA RESTITUIT ;

## CIVITAS ARELATENSIS

IN HOC MAGNIFICO FORO,

UT ÆTERNUM AMORIS GRATITUDINISQUE
MONUMENTUM

HUNC OBELISCUM OLIM SOLI DICATUM,

NUNC FELICIORIBUS AUSPICIIS,

DEVOVET, CONSECRAT.

OSTIORUM RHODANI PRÆFECTO D. AN-
TONIO

TONIO CLARA THIBAUDEAU, IMPERATORIS
A SANCTIORIBUS CONSILIIS, NEC NON LE-
GIONIS HONORIS DUCE, CIVILI DISCIPLINÆ
URBIS ARELATENSIS PRÆPOSITO D. HEN-
RICO DUROURE, ADJUTORIBUS DD. CLAU-
DIO VALLIERE, ET GUILLELMO DISNARD.
28 *Flor.* 1805.

## *Traduction.*

## A L'IMMORTEL NAPOLÉON,

Premier Empereur des Français, Premier Roi d'Italie, véritablement grand
dans la paix et dans la guerre, qui,
ayant terrassé les ennemis du dehors,
appaisé les discordes civiles, détruit
l'hydre de l'anarchie, rendu aux lois
leur vigueur, a rétabli l'Empire Français
ébranlé jusque dans ses fondemens; aug-
menté, étendu sa puissance, son commerce et ses limites; ramené l'intégrité
de la foi de nos pères; redressé les
Autels renversés par l'impiété;

## LA VILLE D'ARLES

Consacre dans cette belle Place, sous
de bien plus favorables auspices, comme un monument éternel de son amour

et de sa reconnoissance, cet Obélisque, autrefois dédié au soleil.

Etant Préfet du Département des Bouches-du-Rhône, M. Antoine Claire Thibaudeau, Conseiller d'Etat, Commandant de la Légion d'honneur ; Maire de la ville d'Arles, M. Henry Duroure ; Adjoints, MM. Claude Valliere et Guillaume Disnard. 28 *Flor.* 1805.

*Deuxième face : côté du midi.*

## NAPOLEONI MAGNO,

IMPERATORI INVICTISSIMO,

QUI, ITALIA, EGYPTO, NEC NON GERMANIÆ PARTE,

VICISSIM VICTORIIS PERAGRATIS

FŒDERATOS GERMANOS, ROXOLANOS,

ITALOS, BRITANNOS,

MARENGO DEBELLAVIT,

BELLUM PATRAVIT.

## CIVITAS ARELATENSIS.

*Traduction.*

## A NAPOLÉON LE GRAND,

Empereur très-invincible, qui, après avoir rempli successivement de ses vic-

toires l'Egypte, l'Italie, et une partie
de l'Allemagne, mit en deroute à Marengo les Allemands, les Russes, les
Italiens, les Anglois confédérés, termina
la guerre

## LA VILLE d'ARLES.

*Troisième face : côté du levant.*

## NAPOLEONI MAGNO,

PATRI OPTIMO,

BENEFACTORI LIBERALISSIMO,

STUDIORUM, ARTIUM, RELIGIONIS,

VIRTUTUM OMNIUM

PATRONO

## CIVITAS ARELATENSIS.

*Traduction.*

## A NAPOLEON LE GRAND,

Père excellent, bienfaiteur très-libéral,
protecteur des Arts, des Sciences, de la
Religion, de toutes les vertus

## LA VILLE d'ARLES.

*Quatrième face : côté du couchant.*

## NAPOLEONI MAGNO,

SUI IMPERIO MAJORI,

QUI, LÆTISSIMA UTENS FORTUNA,

RARO MODERATIONIS EXEMPLO,

VICTORIARUM CURSUM COMPRESSIT,

PACEM RECONCILIAVIT

## CIVITAS ARELATENSIS.

*Traduction.*

## A NAPOLEON LE GRAND,

Plus grand par l'empire qu'il a sur lui-même, qui, jouissant de la fortune la plus heureuse, par un rare exemple de modération, arrêta le cours de ses victoires, rétablit la paix

## LA VILLE D'ARLES.

La première pierre posée, et la cérémonie de la Dédicace finie au bruit des plus vives acclamations des spectateurs, dont le concours étoit prodigieux, et garnissoit tant l'intérieur de la Place NAPOLÉON, que les amphithéâtres qui y avoient été construits, M. le Conseiller d'Etat, Préfet s'est mis en marche avec son cortége pour rentrer dans son hôtel.

A cinq heures du soir, la Mairie se rend à l'hôtel de M. le Conseiller d'Etat, Préfet pour l'accompagner, ainsi que Madame son épouse et les personnes de sa suite, à l'Archevêché, lieu destiné pour le festin à lui offert par le Corps de Ville.

L'assemblée s'y trouvoit déjà formée, et se composoit de la réunion des Fontionnaires publics, des Notables familles de la Ville.

M. le Conseiller d'Etat, Préfet, Madame son épouse et leur cortége sont reçus à la première porte par six Commissaires députés au devant d'eux.

Ils entrent au milieu des plus vives acclamations dans la salle du festin, où se trouvoit disposée une table de cent cinquante couverts.

Dans une salle voisine étoit dressée une autre table de soixante couverts.

Vers le milieu du repas, des toasts dictés par l'amour, l'enthousiasme et l'admiration qu'inspirent le Héros qui nous gouverne, sa digne compagne et son auguste famille, sont successivement portés au bruit d'une salve générale d'artillerie, par M. le Conseiller d'Etat, Préfet, à Sa Majesté l'Empereur et Roi;

Par M. le Sous-Préfet du troisième Arrondissement, à Sa Majesté l'Impératrice et Reine, aux Princes et Princesses de la famille Impériale.

A ces premiers toasts succèdent ceux des Administrateurs respectables et dignes organes des intentions bienfaisantes du Monarque, sur lequel reposent les destinées de l'Empire;

Ils sont portés par M. le Maire de la cité, à M. le Conseiller d'Etat, Préfet;

Par M. le Sous-Préfet du deuxième Arrondissement, à Madame Thibaudeau son épouse;

Par M. le Secrétaire général du Département, à M. le Maire.

Suivant l'ordre général de la fête, à la chute du jour, l'Hôtel-de-Ville, le Palais de Justice, toutes les maisons et édifices publics situés sur la PLACE NAPOLÉON, devoient être illuminés, et les Arlésiens, jaloux de rendre hommage au Souverain qui s'est voué au bonheur de la France, se proposoient d'illuminer spontanément leur maison,

Un vent du sud qui s'est levé au moment, faisant craindre qu'un incendie ne-vint troubler la fête, a mis obstacle à l'exécution de cette illumination.

A dix heures du soir, M. le Conseiller d'Etat, Préfet, Madame son épouse, leur suite et la Mairie se sont rendus à l'Hôtel-de-Ville, dont la grande salle avoit été préparée pour le Bal paré qui devoit terminer cette journée.

Les noms de JOSEPHINE et de NAPOLÉON y brilloient de toutes parts; les chiffres de Madame et de M.ʳ Thibaudeau étoient tracés dans d'élégans cartouches; des vers, des devises célébroient le Régénérateur de l'Empire Français, le Fondateur du Royaume d'Italie, et le plaisir que le peuple Arlésien éprouvoit de la présence du premier Magistrat du département et de son Epouse.

M. le Conseiller d'Etat, Préfet, son Epouse et leur cortége ayant été reçus à la porte principale par six Commissaires venus à leur rencontre, et ayant pris la place qui leur avoit été préparée, le bal a commencé.

Les costumes étoient les produits des fabriques françaises; tous brilloient par leur richesse et leur élégance, qui relevoient la beauté si vantée des Arlésiennes.

La réunion étoit extrêmement nombreuse : le bal a été très-vif et très-animé ; M.ʳ et Mad.ᵉ Thibaudeau ne l'ont quitté qu'à deux heures du matin ; il s'est prolongé jusques à quatre, et pendant toute sa durée, tout a concouru à rendre cette partie de la fête digne de toutes les autres.

Le lendemain 29 floréal, une salve générale d'artillerie a annoncé à trois heures après midi la reprise des fêtes.

A ce signal, la Mairie s'est réunie à l'Hôtel-de-Ville, précédée de ses appariteurs, des tambours, des trompettes, et d'un corps de musique ; elle s'est rendue à l'Hôtel de M. le Conseiller d'Etat, Préfet.

A quatre heures, M. le Conseiller d'Etat, Préfet s'est mis en marche et s'est dirigé vers les lices de la Ville, lieu destiné pour la course des chevaux et des hommes, tandis que Madame Thibaudeau s'y rendoit de son côté en voiture.

Le cortége de M. le Conseiller d'Etat, Préfet, étoit précédé d'un détachement de la Gendarmerie nationale à cheval, des tambours, des trompettes, d'un corps de musique, d'un détachement de la

Garde nationale , drapeau déployé ;

Il étoit fermé par un détachement des Préposés armés des Douanes , et par un second détachement de la Gendarmerie à cheval.

Arrivé aux lices de la Ville , M. le Conseiller d'Etat , Préfet , et son cortége ont pris place sur un amphithéâtre qui avoit été dressé dans la cour extérieure de l'Hospice de la Charité.

Mad.ᵉ Thibaudeau et toutes les Dames de la ville s'y trouvoient déjà réunies.

M. le Conseiller d'Etat , Préfet en ayant donné l'ordre , la Gendarmerie nationale s'est distribuée sur les lices pour maintenir l'ordre.

Une partie des Juges de la course se sont placés auprès du but où elle devoit se terminer.

Les autres , et les concurrens au nombre de seize , précédés des trompettes , se sont rendus au devant de l'ancien couvent des Carmes déchaussés , point du départ.

Y étant parvenus , les trompettes ont parcouru les lices , en invitant les spectateurs à ne pas gêner la course , et à ne pas s'exposer au danger d'être foulés par les chevaux.

A un signal donné, la course d'essai a commencé. Les concurrens se sont rendus de quatre en quatre au but déterminé.

Les quatre qui y sont parvenus les premiers ont été déclarés coureurs.

Ils se sont rendus de nouveau au devant de l'ancien couvent des Carmes déchaussés, d'où ils sont partis à un signal donné.

Les deux concurrens arrivés les premiers au but, ont reçu des mains de Monsieur le Conseiller d'Etat, Préfet, et au bruit des fanfares, le prix de la course, qui consistoit, pour le premier, en une selle et une bride pour le maître du cheval, et en la somme de quarante-huit francs pour celui qui le montoit ; et pour le second, en une bride pour le maître du cheval, et une somme de vingt-quatre francs pour le conducteur (1).

---

(1) La faveur spéciale que l'Autorité accordoit autrefois à ces courses, puisqu'elle en supportoit tous les frais, et dont la Mairie actuelle se propose d'accorder par les mêmes moyens la continuation, tenoit au désir de conserver, de propager même dans le terroir la race des bons chevaux de

La course des chevaux finie, et M. le Conseiller d'Etat, Préfet en ayant donné l'ordre, les concurrens pour la course à pied sont partis d'une barrière placée vis-à-vis la maison du refuge, et celui qui, le premier, a dépassé le but qui avoit été déterminé, a reçu des mains de M. le Conseiller d'Etat, Préfet, et au bruit des fanfares, le prix de la course, qui consistoit en une montre d'argent.

Cette course terminée, M. le Conseiller d'Etat, Préfet s'est mis en marche pour retourner à son hôtel; il y a été accompagné dans le même ordre qu'il en étoit venu.

Le soir, M. le Maire a réuni chez lui toutes les Dames de la ville. M. le Conseiller d'Etat, Madame son épouse ont honoré de leur présence cette assemblée qui a été des plus brillantes.

A onze heures du soir, MM. les amateurs de la ville ont exécuté, sous les fenêtres, une sérénade charmante, qui

---

Camargues, et aux vues d'en établir un haras.

Elle se félicite de partager cette opinion avec M. le Conseiller d'État, Préfet, aux vues duquel rien ne sauroit échapper pour le bonheur de ses administrés.

a attiré dans toutes les rues environnantes un concours prodigieux.

Le trente floreal à midi, une salve
générale d'artillerie a annoncé la reprise
des fêtes.

A ce signal, la Mairie s'est réunie à
l'Hôtel-de-Ville, et s'est rendue de-là
à l'hôtel de M. le Conseiller d'Etat,
Préfet, pour l'inviter à assister au combat des taureaux, et l'y accompagner.

Parvenu à l'Hôtel – de – Ville, situé
sur la Place NAPOLÉON, où ce combat
devoit avoir lieu, il a été conduit, ainsi
que Madame son épouse et les personnes
de sa suite, au balcon qui avoit été
disposé pour les recevoir.

Les vastes amphithéâtres dressés sur
cette Place n'avoient pu contenir le
grand nombre des spectateurs accourus
de toutes parts à cette partie de la
fête ; ceux qu'ils n'avoient pu recevoir s'étoient distribués sur les toits
des maisons environnantes.

M. le Conseiller d'Etat, Préfet et
Madame son épouse, ayant pris séance,
MM. les Commissaires à ce délégués
par la Mairie ont lancé successivement
dans l'arêne les taureaux destinés au
combat.

Ils avoient été amenés dans la ville pendant la nuit par une centaine de cavaliers armés de trident.

L'arène étoit remplie de jeunes gens, qui n'avoient pour toute arme qu'une baguette, avec laquelle ils harceloient le taureau, et un mouchoir de couleur rouge pour l'attirer à eux.

Des cocardes étoient attachées aux cornes des animaux les plus furieux. Le prix étoit destiné aux champions qui auroient l'adresse de les arracher. Ils consistoient en deux tasses d'argent, qui furent distribuées au bruit des fanfares par M. le Conseiller d'Etat, Préfet, aux deux d'entr'eux qui parvinrent à les enlever.

Ces combats, dont le but dans Arles est d'exercer les valets de ferme à se rendre maîtres de ces animaux pour les mettre au joug et les dresser au labourage des terres, sont quelquefois ensanglantés. Mais aucun événement fâcheux n'a troublé le plaisir de cette journée.

Cette réunion immense de Citoyens, qui assistoient dans une ville antique, à des jeux aussi antiques qu'elle, l'objet de la fête qui rappeloit l'apothéose des héros qu'on célébroit par des jeux pareils, tout excitoit l'enthousiasme; et les élans de la joie publique portoient un caractère auguste et grand, comme le Héros immortel dont le nom remplissoit tout les cœurs.

Le combat fini, M. le Conseiller d'Etat, Préfet a été reconduit à son hôtel, par la Mairie.

La journée et les fêtes ont été terminées par un nouveau Bal à l'Hôtel-de-Ville, qui n'a cédé en rien à celui du premier jour, et que M. le Conseiller d'Etat, Préfet, et Madame son épouse ont bien voulu honorer de leur présence.

De tout quoi, il a été dressé le présent Verbal à Arles, en Mairie, le premier Prairial an treize. Du règne de NAPOLÉON le Grand, le second.

A. C. THIBAUDEAU.

DUROURE, *Maire*; VALLIERE, *Adj.*

BLAIN, *Secrétaire général.*

A ARLES, Chez G. MESNIER Imprimeur, place N. D. la Major.